STUFF I WILL NEVER REMEMBER

Name

PHone

CeLL

work

EMaiL (Personal)

EMaiL (work)

STreeT

CiTY, STaTe, ZiP

COUNTry

WI-FI NeTwork

Password

MisceLLaneous NoTes

A

WEBSITE

USERNAME/LOGIN

DATE/PASSWORD

DATE/PASSWORD

DATE/PASSWORD

NOTES

WEBSITE

USERNAME/LOGIN

DATE/PASSWORD

DATE/PASSWORD

DATE/PASSWORD

NOTES

WEBSITE

USERNAME/LOGIN

DATE/PASSWORD

DATE/PASSWORD

DATE/PASSWORD

NOTES

website

username/LOGIN

Date/Password

Date/Password

Date/Password

NOTes

website

username/LOGIN

Date/Password

Date/Password

Date/Password

NOTes

website

username/LOGIN

Date/Password

Date/Password

Date/Password

NOTes

SHIT! I CAN'T REMEMBER!

WEBSITE

USERNAME/LOGIN

DATE/PASSWORD

DATE/PASSWORD

DATE/PASSWORD

NOTES

WEBSITE

USERNAME/LOGIN

DATE/PASSWORD

DATE/PASSWORD

DATE/PASSWORD

NOTES

WEBSITE

USERNAME/LOGIN

DATE/PASSWORD

DATE/PASSWORD

DATE/PASSWORD

NOTES

Don't you hate it when you forget what you forgot?

website

username/login

date/password

date/password

date/password

notes

website

username/login

date/password

date/password

date/password

notes

website

username/login

date/password

date/password

date/password

notes

website

username/login

date/password

date/password

date/password

notes

website

username/login

date/password

date/password

date/password

notes

website

username/login

date/password

date/password

date/password

notes

SOME PEOPLE MAY THINK I'M FORGETFUL, AND THEY'D BE RIGHT.

website

username/LOGIN

DATE/PASSWORD

DATE/PASSWORD

DATE/PASSWORD

NOTES

website

username/LOGIN

DATE/PASSWORD

DATE/PASSWORD

DATE/PASSWORD

NOTES

website

username/LOGIN

DATE/PASSWORD

DATE/PASSWORD

DATE/PASSWORD

NOTES

DON'T YOU HATE IT WHEN YOU FORGET WHAT YOU FORGOT?

WEBSITE

USERNAME/LOGIN

DATE/PASSWORD

DATE/PASSWORD

DATE/PASSWORD

NOTES

WEBSITE

USERNAME/LOGIN

DATE/PASSWORD

DATE/PASSWORD

DATE/PASSWORD

NOTES

WEBSITE

USERNAME/LOGIN

DATE/PASSWORD

DATE/PASSWORD

DATE/PASSWORD

NOTES

website

username/LOGIN

Date/password

Date/password

Date/password

NOTES

website

username/LOGIN

Date/password

Date/password

Date/password

NOTES

website

username/LOGIN

Date/password

Date/password

Date/password

NOTES

I REMEMBER A TIME WHEN I REMEMBERED THINGS...

website

username/Login

Date/password

Date/password

Date/password

Notes

website

username/Login

Date/password

Date/password

Date/password

Notes

website

username/Login

Date/password

Date/password

Date/password

Notes

WEBSITE

USERNAME/LOGIN

DATE/PASSWORD

DATE/PASSWORD

DATE/PASSWORD

NOTES

WEBSITE

USERNAME/LOGIN

DATE/PASSWORD

DATE/PASSWORD

DATE/PASSWORD

NOTES

WEBSITE

USERNAME/LOGIN

DATE/PASSWORD

DATE/PASSWORD

DATE/PASSWORD

NOTES

website

username/Login

Date/password

Date/password

Date/password

Notes

website

username/Login

Date/password

Date/password

Date/password

Notes

website

username/Login

Date/password

Date/password

Date/password

Notes

WEBSITE

USERNAME/LOGIN

DATE/PASSWORD

DATE/PASSWORD

DATE/PASSWORD

NOTES

WEBSITE

USERNAME/LOGIN

DATE/PASSWORD

DATE/PASSWORD

DATE/PASSWORD

NOTES

WEBSITE

USERNAME/LOGIN

DATE/PASSWORD

DATE/PASSWORD

DATE/PASSWORD

NOTES

WEBSITE

USERNAME/LOGIN

DATE/PASSWORD

DATE/PASSWORD

DATE/PASSWORD

NOTES

WEBSITE

USERNAME/LOGIN

DATE/PASSWORD

DATE/PASSWORD

DATE/PASSWORD

NOTES

WEBSITE

USERNAME/LOGIN

DATE/PASSWORD

DATE/PASSWORD

DATE/PASSWORD

NOTES

website

username/LOGIN

DaTe/Password

DaTe/Password

DaTe/Password

NOTeS

website

username/LOGIN

DaTe/Password

DaTe/Password

DaTe/Password

NOTeS

website

username/LOGIN

DaTe/Password

DaTe/Password

DaTe/Password

NOTeS

website

username/Login

Date/password

Date/password

Date/password

notes

website

username/Login

Date/password

Date/password

Date/password

notes

website

username/Login

Date/password

Date/password

Date/password

notes

I'M SORRY! I FORGET SOMETIMES...

WEBSITE

USERNAME/LOGIN

DATE/PASSWORD

DATE/PASSWORD

DATE/PASSWORD

NOTES

WEBSITE

USERNAME/LOGIN

DATE/PASSWORD

DATE/PASSWORD

DATE/PASSWORD

NOTES

WEBSITE

USERNAME/LOGIN

DATE/PASSWORD

DATE/PASSWORD

DATE/PASSWORD

NOTES

WEBSITE

USERNAME/LOGIN

DATE/PASSWORD

DATE/PASSWORD

DATE/PASSWORD

NOTES

WEBSITE

USERNAME/LOGIN

DATE/PASSWORD

DATE/PASSWORD

DATE/PASSWORD

NOTES

WEBSITE

USERNAME/LOGIN

DATE/PASSWORD

DATE/PASSWORD

DATE/PASSWORD

NOTES

I'M NOT SURE BUT I THINK I'M FORGETTING SOMETHING...

WEBSITE

USERNAME/LOGIN

DATE/PASSWORD

DATE/PASSWORD

DATE/PASSWORD

NOTES

WEBSITE

USERNAME/LOGIN

DATE/PASSWORD

DATE/PASSWORD

DATE/PASSWORD

NOTES

WEBSITE

USERNAME/LOGIN

DATE/PASSWORD

DATE/PASSWORD

DATE/PASSWORD

NOTES

website

username/Login

Date/password

Date/password

Date/password

Notes

website

username/Login

Date/password

Date/password

Date/password

Notes

website

username/Login

Date/password

Date/password

Date/password

Notes

WEBSITE

USERNAME/LOGIN

DATE/PASSWORD

DATE/PASSWORD

DATE/PASSWORD

NOTES

WEBSITE

USERNAME/LOGIN

DATE/PASSWORD

DATE/PASSWORD

DATE/PASSWORD

NOTES

WEBSITE

USERNAME/LOGIN

DATE/PASSWORD

DATE/PASSWORD

DATE/PASSWORD

NOTES

website

username/login

date/password

date/password

date/password

notes

website

username/login

date/password

date/password

date/password

notes

website

username/login

date/password

date/password

date/password

notes

website

username/LOGIN

Date/Password

Date/Password

Date/Password

NOTES

website

username/LOGIN

Date/Password

Date/Password

Date/Password

NOTES

website

username/LOGIN

Date/Password

Date/Password

Date/Password

NOTES

website

username/Login

Date/password

Date/password

Date/password

Notes

website

username/Login

Date/password

Date/password

Date/password

Notes

website

username/Login

Date/password

Date/password

Date/password

Notes

website

username/login

date/password

date/password

date/password

notes

website

username/login

date/password

date/password

date/password

notes

website

username/login

date/password

date/password

date/password

notes

WEBSITE

USERNAME/LOGIN

DATE/PASSWORD

DATE/PASSWORD

DATE/PASSWORD

NOTES

WEBSITE

USERNAME/LOGIN

DATE/PASSWORD

DATE/PASSWORD

DATE/PASSWORD

NOTES

WEBSITE

USERNAME/LOGIN

DATE/PASSWORD

DATE/PASSWORD

DATE/PASSWORD

NOTES

website

username/Login

Date/password

Date/password

Date/password

NOTes

website

username/Login

Date/password

Date/password

Date/password

NOTes

website

username/Login

Date/password

Date/password

Date/password

NOTes

SOME PEOPLE MAY THINK I'M FORGETFUL, AND THEY'D BE RIGHT.

website

username/Login

Date/Password

Date/Password

Date/Password

Notes

website

username/Login

Date/Password

Date/Password

Date/Password

Notes

website

username/Login

Date/Password

Date/Password

Date/Password

Notes

website

username/Login

Date/Password

Date/Password

Date/Password

Notes

website

username/Login

Date/Password

Date/Password

Date/Password

Notes

website

username/Login

Date/Password

Date/Password

Date/Password

Notes

WEBSITE

USERNAME/LOGIN

DATE/PASSWORD

DATE/PASSWORD

DATE/PASSWORD

NOTES

WEBSITE

USERNAME/LOGIN

DATE/PASSWORD

DATE/PASSWORD

DATE/PASSWORD

NOTES

WEBSITE

USERNAME/LOGIN

DATE/PASSWORD

DATE/PASSWORD

DATE/PASSWORD

NOTES

website

username/LOGIN

Date/password

Date/password

Date/password

NOTes

website

username/LOGIN

Date/password

Date/password

Date/password

NOTes

website

username/LOGIN

Date/password

Date/password

Date/password

NOTes

WEBSITE

USERNAME/LOGIN

DATE/PASSWORD

DATE/PASSWORD

DATE/PASSWORD

NOTES

WEBSITE

USERNAME/LOGIN

DATE/PASSWORD

DATE/PASSWORD

DATE/PASSWORD

NOTES

WEBSITE

USERNAME/LOGIN

DATE/PASSWORD

DATE/PASSWORD

DATE/PASSWORD

NOTES

WEBSITE

USERNAME/LOGIN

DATE/PASSWORD

DATE/PASSWORD

DATE/PASSWORD

NOTES

WEBSITE

USERNAME/LOGIN

DATE/PASSWORD

DATE/PASSWORD

DATE/PASSWORD

NOTES

WEBSITE

USERNAME/LOGIN

DATE/PASSWORD

DATE/PASSWORD

DATE/PASSWORD

NOTES

website

username/LOGIN

DATE/PASSWORD

DATE/PASSWORD

DATE/PASSWORD

NOTES

website

username/LOGIN

DATE/PASSWORD

DATE/PASSWORD

DATE/PASSWORD

NOTES

website

username/LOGIN

DATE/PASSWORD

DATE/PASSWORD

DATE/PASSWORD

NOTES

website

username/Login

Date/password

Date/password

Date/password

Notes

website

username/Login

Date/password

Date/password

Date/password

Notes

website

username/Login

Date/password

Date/password

Date/password

Notes

website

username/Login

Date/password

Date/password

Date/password

Notes

website

username/Login

Date/password

Date/password

Date/password

Notes

website

username/Login

Date/password

Date/password

Date/password

Notes

website

username/login

date/password

date/password

date/password

notes

website

username/login

date/password

date/password

date/password

notes

website

username/login

date/password

date/password

date/password

notes

I'M SORRY! I FORGET SOMETIMES...

WEBSITE

USERNAME/LOGIN

DATE/PASSWORD

DATE/PASSWORD

DATE/PASSWORD

NOTES

WEBSITE

USERNAME/LOGIN

DATE/PASSWORD

DATE/PASSWORD

DATE/PASSWORD

NOTES

WEBSITE

USERNAME/LOGIN

DATE/PASSWORD

DATE/PASSWORD

DATE/PASSWORD

NOTES

WEBSITE

USERNAME/LOGIN

DATE/PASSWORD

DATE/PASSWORD

DATE/PASSWORD

NOTES

WEBSITE

USERNAME/LOGIN

DATE/PASSWORD

DATE/PASSWORD

DATE/PASSWORD

NOTES

WEBSITE

USERNAME/LOGIN

DATE/PASSWORD

DATE/PASSWORD

DATE/PASSWORD

NOTES

website

username/Login

Date/password

Date/password

Date/password

Notes

website

username/Login

Date/password

Date/password

Date/password

Notes

website

username/Login

Date/password

Date/password

Date/password

Notes

website

username/login

date/password

date/password

date/password

notes

---

website

username/login

date/password

date/password

date/password

notes

---

website

username/login

date/password

date/password

date/password

notes

website

username/login

date/password

date/password

date/password

notes

website

username/login

date/password

date/password

date/password

notes

website

username/login

date/password

date/password

date/password

notes

Forgetfulness is a sign of a genius... I think...

website

username/Login

date/password

date/password

date/password

notes

---

website

username/Login

date/password

date/password

date/password

notes

---

website

username/Login

date/password

date/password

date/password

notes

I

website

username/LOGIN

Date/password

Date/password

Date/password

NOTES

website

username/LOGIN

Date/password

Date/password

Date/password

NOTES

website

username/LOGIN

Date/password

Date/password

Date/password

NOTES

THERE'S WAY TOO MANY FUCKING PASSWORDS!

WEBSITE

USERNAME/LOGIN

DATE/PASSWORD

DATE/PASSWORD

DATE/PASSWORD

NOTES

WEBSITE

USERNAME/LOGIN

DATE/PASSWORD

DATE/PASSWORD

DATE/PASSWORD

NOTES

WEBSITE

USERNAME/LOGIN

DATE/PASSWORD

DATE/PASSWORD

DATE/PASSWORD

NOTES

WEBSITE

USERNAME/LOGIN

DATE/PASSWORD

DATE/PASSWORD

DATE/PASSWORD

NOTES

WEBSITE

USERNAME/LOGIN

DATE/PASSWORD

DATE/PASSWORD

DATE/PASSWORD

NOTES

WEBSITE

USERNAME/LOGIN

DATE/PASSWORD

DATE/PASSWORD

DATE/PASSWORD

NOTES

website

username/login

date/password

date/password

date/password

notes

---

website

username/login

date/password

date/password

date/password

notes

---

website

username/login

date/password

date/password

date/password

notes

SOME PEOPLE MAY THINK I'M FORGETFUL, AND THEY'D BE RIGHT.

WEBSITE

USERNAME/LOGIN

DATE/PASSWORD

DATE/PASSWORD

DATE/PASSWORD

NOTES

WEBSITE

USERNAME/LOGIN

DATE/PASSWORD

DATE/PASSWORD

DATE/PASSWORD

NOTES

WEBSITE

USERNAME/LOGIN

DATE/PASSWORD

DATE/PASSWORD

DATE/PASSWORD

NOTES

website

username/login

date/password

date/password

date/password

notes

website

username/login

date/password

date/password

date/password

notes

website

username/login

date/password

date/password

date/password

notes

WEBSITE

USERNAME/LOGIN

DATE/PASSWORD

DATE/PASSWORD

DATE/PASSWORD

NOTES

WEBSITE

USERNAME/LOGIN

DATE/PASSWORD

DATE/PASSWORD

DATE/PASSWORD

NOTES

WEBSITE

USERNAME/LOGIN

DATE/PASSWORD

DATE/PASSWORD

DATE/PASSWORD

NOTES

website

username/Login

Date/password

Date/password

Date/password

Notes

website

username/Login

Date/password

Date/password

Date/password

Notes

website

username/Login

Date/password

Date/password

Date/password

Notes

I learn something new every Day... But I can't Remember

WeBSITe

username/LOGIN

DaTe/PaSSWOrD

DaTe/PaSSWOrD

DaTe/PaSSWOrD

NOTeS

WeBSITe

username/LOGIN

DaTe/PaSSWOrD

DaTe/PaSSWOrD

DaTe/PaSSWOrD

NOTeS

WeBSITe

username/LOGIN

DaTe/PaSSWOrD

DaTe/PaSSWOrD

DaTe/PaSSWOrD

NOTeS

website

username/login

date/password

date/password

date/password

notes

---

website

username/login

date/password

date/password

date/password

notes

---

website

username/login

date/password

date/password

date/password

notes

WEBSITE

USERNAME/LOGIN

DATE/PASSWORD

DATE/PASSWORD

DATE/PASSWORD

NOTES

WEBSITE

USERNAME/LOGIN

DATE/PASSWORD

DATE/PASSWORD

DATE/PASSWORD

NOTES

WEBSITE

USERNAME/LOGIN

DATE/PASSWORD

DATE/PASSWORD

DATE/PASSWORD

NOTES

I keep forgetting what I forget about...

WeBSITe

username/LOGIn

Date/PaSSWOrD

Date/PaSSWOrD

Date/PaSSWOrD

NOTeS

WeBSITe

username/LOGIn

Date/PaSSWOrD

Date/PaSSWOrD

Date/PaSSWOrD

NOTeS

WeBSITe

username/LOGIn

Date/PaSSWOrD

Date/PaSSWOrD

Date/PaSSWOrD

NOTeS

website

username/login

date/password

date/password

date/password

notes

website

username/login

date/password

date/password

date/password

notes

website

username/login

date/password

date/password

date/password

notes

website

username/Login

Date/Password

Date/Password

Date/Password

Notes

website

username/Login

Date/Password

Date/Password

Date/Password

Notes

website

username/Login

Date/Password

Date/Password

Date/Password

Notes

website

username/login

date/password

date/password

date/password

notes

website

username/login

date/password

date/password

date/password

notes

website

username/login

date/password

date/password

date/password

notes

website

username/Login

Date/password

Date/password

Date/password

notes

website

username/Login

Date/password

Date/password

Date/password

notes

website

username/Login

Date/password

Date/password

Date/password

notes

website

username/LOGIN

DaTe/PaSSWOrD

DaTe/PaSSWOrD

DaTe/PaSSWOrD

NOTes

website

username/LOGIN

DaTe/PaSSWOrD

DaTe/PaSSWOrD

DaTe/PaSSWOrD

NOTes

website

username/LOGIN

DaTe/PaSSWOrD

DaTe/PaSSWOrD

DaTe/PaSSWOrD

NOTes

website

username/login

date/password

date/password

date/password

notes

website

username/login

date/password

date/password

date/password

notes

website

username/login

date/password

date/password

date/password

notes

weBsiTe

username/LoGin

DaTe/PassworD

DaTe/PassworD

DaTe/PassworD

NOTeS

weBsiTe

username/LoGin

DaTe/PassworD

DaTe/PassworD

DaTe/PassworD

NOTeS

weBsiTe

username/LoGin

DaTe/PassworD

DaTe/PassworD

DaTe/PassworD

NOTeS

WEBSITE

USERNAME/LOGIN

DATE/PASSWORD

DATE/PASSWORD

DATE/PASSWORD

NOTES

WEBSITE

USERNAME/LOGIN

DATE/PASSWORD

DATE/PASSWORD

DATE/PASSWORD

NOTES

WEBSITE

USERNAME/LOGIN

DATE/PASSWORD

DATE/PASSWORD

DATE/PASSWORD

NOTES

WTF IS MY PASSWORD?

website

username/Login

Date/password

Date/password

Date/password

Notes

website

username/Login

Date/password

Date/password

Date/password

Notes

website

username/Login

Date/password

Date/password

Date/password

Notes

There's way too many fucking passwords!

website

username/login

date/password

date/password

date/password

notes

website

username/login

date/password

date/password

date/password

notes

website

username/login

date/password

date/password

date/password

notes

WEBSITE

USERNAME/LOGIN

DATE/PASSWORD

DATE/PASSWORD

DATE/PASSWORD

NOTES

WEBSITE

USERNAME/LOGIN

DATE/PASSWORD

DATE/PASSWORD

DATE/PASSWORD

NOTES

WEBSITE

USERNAME/LOGIN

DATE/PASSWORD

DATE/PASSWORD

DATE/PASSWORD

NOTES

WEBSITE

USERNAME/LOGIN

DATE/PASSWORD

DATE/PASSWORD

DATE/PASSWORD

NOTES

WEBSITE

USERNAME/LOGIN

DATE/PASSWORD

DATE/PASSWORD

DATE/PASSWORD

NOTES

WEBSITE

USERNAME/LOGIN

DATE/PASSWORD

DATE/PASSWORD

DATE/PASSWORD

NOTES

WEBSITE

USERNAME/LOGIN

DATE/PASSWORD

DATE/PASSWORD

DATE/PASSWORD

NOTES

WEBSITE

USERNAME/LOGIN

DATE/PASSWORD

DATE/PASSWORD

DATE/PASSWORD

NOTES

WEBSITE

USERNAME/LOGIN

DATE/PASSWORD

DATE/PASSWORD

DATE/PASSWORD

NOTES

website

username/Login

Date/Password

Date/Password

Date/Password

Notes

website

username/Login

Date/Password

Date/Password

Date/Password

Notes

website

username/Login

Date/Password

Date/Password

Date/Password

Notes

website

username/Login

Date/password

Date/password

Date/password

Notes

website

username/Login

Date/password

Date/password

Date/password

Notes

website

username/Login

Date/password

Date/password

Date/password

Notes

WEBSITE

USERNAME/LOGIN

DATE/PASSWORD

DATE/PASSWORD

DATE/PASSWORD

NOTES

WEBSITE

USERNAME/LOGIN

DATE/PASSWORD

DATE/PASSWORD

DATE/PASSWORD

NOTES

WEBSITE

USERNAME/LOGIN

DATE/PASSWORD

DATE/PASSWORD

DATE/PASSWORD

NOTES

I learn something new every Day... But I can't Remember

Website

username/Login

Date/Password

Date/Password

Date/Password

Notes

Website

username/Login

Date/Password

Date/Password

Date/Password

Notes

Website

username/Login

Date/Password

Date/Password

Date/Password

Notes

website

username/Login

Date/Password

Date/Password

Date/Password

Notes

website

username/Login

Date/Password

Date/Password

Date/Password

Notes

website

username/Login

Date/Password

Date/Password

Date/Password

Notes

website

username/Login

Date/password

Date/password

Date/password

notes

website

username/Login

Date/password

Date/password

Date/password

notes

website

username/Login

Date/password

Date/password

Date/password

notes

WEBSITE

USERNAME/LOGIN

DATE/PASSWORD

DATE/PASSWORD

DATE/PASSWORD

NOTES

WEBSITE

USERNAME/LOGIN

DATE/PASSWORD

DATE/PASSWORD

DATE/PASSWORD

NOTES

WEBSITE

USERNAME/LOGIN

DATE/PASSWORD

DATE/PASSWORD

DATE/PASSWORD

NOTES

website

username/login

date/password

date/password

date/password

notes

website

username/login

date/password

date/password

date/password

notes

website

username/login

date/password

date/password

date/password

notes

WEBSITE

USERNAME/LOGIN

DATE/PASSWORD

DATE/PASSWORD

DATE/PASSWORD

NOTES

WEBSITE

USERNAME/LOGIN

DATE/PASSWORD

DATE/PASSWORD

DATE/PASSWORD

NOTES

WEBSITE

USERNAME/LOGIN

DATE/PASSWORD

DATE/PASSWORD

DATE/PASSWORD

NOTES

website

username/login

date/password

date/password

date/password

notes

website

username/login

date/password

date/password

date/password

notes

website

username/login

date/password

date/password

date/password

notes

I'M NOT SURE BUT I THINK I'M FORGETTING SOMETHING...

website

username/LOGIN

Date/password

Date/password

Date/password

NOTES

website

username/LOGIN

Date/password

Date/password

Date/password

NOTES

website

username/LOGIN

Date/password

Date/password

Date/password

NOTES

website

username/Login

Date/Password

Date/Password

Date/Password

NOTES

website

username/Login

Date/Password

Date/Password

Date/Password

NOTES

website

username/Login

Date/Password

Date/Password

Date/Password

NOTES

website

username/Login

Date/password

Date/password

Date/password

Notes

website

username/Login

Date/password

Date/password

Date/password

Notes

website

username/Login

Date/password

Date/password

Date/password

Notes

website

username/Login

Date/password

Date/password

Date/password

notes

website

username/Login

Date/password

Date/password

Date/password

notes

website

username/Login

Date/password

Date/password

Date/password

notes

website

username/login

date/password

date/password

date/password

notes

---

website

username/login

date/password

date/password

date/password

notes

---

website

username/login

date/password

date/password

date/password

notes

weBsiTe

username/LOGin

DaTe/PassworD

DaTe/PassworD

DaTe/PassworD

NOTes

weBsiTe

username/LOGin

DaTe/PassworD

DaTe/PassworD

DaTe/PassworD

NOTes

weBsiTe

username/LOGin

DaTe/PassworD

DaTe/PassworD

DaTe/PassworD

NOTes

WEBSITE

USERNAME/LOGIN

DATE/PASSWORD

DATE/PASSWORD

DATE/PASSWORD

NOTES

WEBSITE

USERNAME/LOGIN

DATE/PASSWORD

DATE/PASSWORD

DATE/PASSWORD

NOTES

WEBSITE

USERNAME/LOGIN

DATE/PASSWORD

DATE/PASSWORD

DATE/PASSWORD

NOTES

WEBSITE

USERNAME/LOGIN

DATE/PASSWORD

DATE/PASSWORD

DATE/PASSWORD

NOTES

WEBSITE

USERNAME/LOGIN

DATE/PASSWORD

DATE/PASSWORD

DATE/PASSWORD

NOTES

WEBSITE

USERNAME/LOGIN

DATE/PASSWORD

DATE/PASSWORD

DATE/PASSWORD

NOTES

website

username/Login

Date/password

Date/password

Date/password

notes

website

username/Login

Date/password

Date/password

Date/password

notes

website

username/Login

Date/password

Date/password

Date/password

notes

SOME PEOPLE MAY THINK I'M FORGETFUL, AND THEY'D BE RIGHT.

website

username/LOGIN

DATE/PASSWORD

DATE/PASSWORD

DATE/PASSWORD

NOTes

website

username/LOGIN

DATE/PASSWORD

DATE/PASSWORD

DATE/PASSWORD

NOTes

website

username/LOGIN

DATE/PASSWORD

DATE/PASSWORD

DATE/PASSWORD

NOTes

website

username/Login

Date/password

Date/password

Date/password

Notes

website

username/Login

Date/password

Date/password

Date/password

Notes

website

username/Login

Date/password

Date/password

Date/password

Notes

THE NICE THING ABOUT HAVING A BAD MEMORY.. I FORGET...

WEBSITE

USERNAME/LOGIN

DATE/PASSWORD

DATE/PASSWORD

DATE/PASSWORD

NOTES

WEBSITE

USERNAME/LOGIN

DATE/PASSWORD

DATE/PASSWORD

DATE/PASSWORD

NOTES

WEBSITE

USERNAME/LOGIN

DATE/PASSWORD

DATE/PASSWORD

DATE/PASSWORD

NOTES

R *I REMEMBER A TIME WHEN I REMEMBERED THINGS...*

website

username/Login

Date/Password

Date/Password

Date/Password

Notes

website

username/Login

Date/Password

Date/Password

Date/Password

Notes

website

username/Login

Date/Password

Date/Password

Date/Password

Notes

WEBSITE

USERNAME/LOGIN

DATE/PASSWORD

DATE/PASSWORD

DATE/PASSWORD

NOTES

WEBSITE

USERNAME/LOGIN

DATE/PASSWORD

DATE/PASSWORD

DATE/PASSWORD

NOTES

WEBSITE

USERNAME/LOGIN

DATE/PASSWORD

DATE/PASSWORD

DATE/PASSWORD

NOTES

website

username/login

date/password

date/password

date/password

notes

website

username/login

date/password

date/password

date/password

notes

website

username/login

date/password

date/password

date/password

notes

WEBSITE

USERNAME/LOGIN

DATE/PASSWORD

DATE/PASSWORD

DATE/PASSWORD

NOTES

WEBSITE

USERNAME/LOGIN

DATE/PASSWORD

DATE/PASSWORD

DATE/PASSWORD

NOTES

WEBSITE

USERNAME/LOGIN

DATE/PASSWORD

DATE/PASSWORD

DATE/PASSWORD

NOTES

website

username/LOGIN

Date/Password

Date/Password

Date/Password

NOTes

website

username/LOGIN

Date/Password

Date/Password

Date/Password

NOTes

website

username/LOGIN

Date/Password

Date/Password

Date/Password

NOTes

WEBSITE

USERNAME/LOGIN

DATE/PASSWORD

DATE/PASSWORD

DATE/PASSWORD

NOTES

WEBSITE

USERNAME/LOGIN

DATE/PASSWORD

DATE/PASSWORD

DATE/PASSWORD

NOTES

WEBSITE

USERNAME/LOGIN

DATE/PASSWORD

DATE/PASSWORD

DATE/PASSWORD

NOTES

WEBSITE

USERNAME/LOGIN

DATE/PASSWORD

DATE/PASSWORD

DATE/PASSWORD

NOTES

WEBSITE

USERNAME/LOGIN

DATE/PASSWORD

DATE/PASSWORD

DATE/PASSWORD

NOTES

WEBSITE

USERNAME/LOGIN

DATE/PASSWORD

DATE/PASSWORD

DATE/PASSWORD

NOTES

website

username/LOGIN

DATE/PASSWORD

DATE/PASSWORD

DATE/PASSWORD

NOTES

website

username/LOGIN

DATE/PASSWORD

DATE/PASSWORD

DATE/PASSWORD

NOTES

website

username/LOGIN

DATE/PASSWORD

DATE/PASSWORD

DATE/PASSWORD

NOTES

website

username/Login

Date/Password

Date/Password

Date/Password

Notes

website

username/Login

Date/Password

Date/Password

Date/Password

Notes

website

username/Login

Date/Password

Date/Password

Date/Password

Notes

WEBSITE

USERNAME/LOGIN

DATE/PASSWORD

DATE/PASSWORD

DATE/PASSWORD

NOTES

WEBSITE

USERNAME/LOGIN

DATE/PASSWORD

DATE/PASSWORD

DATE/PASSWORD

NOTES

WEBSITE

USERNAME/LOGIN

DATE/PASSWORD

DATE/PASSWORD

DATE/PASSWORD

NOTES

website

username/LOGIN

Date/Password

Date/Password

Date/Password

NOTes

website

username/LOGIN

Date/Password

Date/Password

Date/Password

NOTes

website

username/LOGIN

Date/Password

Date/Password

Date/Password

NOTes

WEBSITE

USERNAME/LOGIN

DATE/PASSWORD

DATE/PASSWORD

DATE/PASSWORD

NOTES

WEBSITE

USERNAME/LOGIN

DATE/PASSWORD

DATE/PASSWORD

DATE/PASSWORD

NOTES

WEBSITE

USERNAME/LOGIN

DATE/PASSWORD

DATE/PASSWORD

DATE/PASSWORD

NOTES

Forgetfulness is a sign of a genius... I think...

website

username/Login

Date/password

Date/password

Date/password

Notes

website

username/Login

Date/password

Date/password

Date/password

Notes

website

username/Login

Date/password

Date/password

Date/password

Notes

website

username/Login

Date/password

Date/password

Date/password

notes

website

username/Login

Date/password

Date/password

Date/password

notes

website

username/Login

Date/password

Date/password

Date/password

notes

THERE'S WAY TOO MANY FUCKING PASSWORDS!

WEBSITE

USERNAME/LOGIN

DATE/PASSWORD

DATE/PASSWORD

DATE/PASSWORD

NOTES

WEBSITE

USERNAME/LOGIN

DATE/PASSWORD

DATE/PASSWORD

DATE/PASSWORD

NOTES

WEBSITE

USERNAME/LOGIN

DATE/PASSWORD

DATE/PASSWORD

DATE/PASSWORD

NOTES

SHIT! I CAN'T REMEMBER!

website

username/Login

Date/password

Date/password

Date/password

Notes

website

username/Login

Date/password

Date/password

Date/password

Notes

website

username/Login

Date/password

Date/password

Date/password

Notes

SOME PEOPLE MAY THINK I'M FORGETFUL, AND THEY'D BE RIGHT.

website

username/Login

Date/Password

Date/Password

Date/Password

Notes

website

username/Login

Date/Password

Date/Password

Date/Password

Notes

website

username/Login

Date/Password

Date/Password

Date/Password

Notes

website

username/Login

Date/Password

Date/Password

Date/Password

Notes

website

username/Login

Date/Password

Date/Password

Date/Password

Notes

website

username/Login

Date/Password

Date/Password

Date/Password

Notes

DON'T YOU HATE IT WHEN YOU FORGET WHAT YOU FORGOT?

website

username/Login

Date/Password

Date/Password

Date/Password

notes

website

username/Login

Date/Password

Date/Password

Date/Password

notes

website

username/Login

Date/Password

Date/Password

Date/Password

notes

website

username/LOGIN

DATE/PASSWORD

DATE/PASSWORD

DATE/PASSWORD

NOTES

website

username/LOGIN

DATE/PASSWORD

DATE/PASSWORD

DATE/PASSWORD

NOTES

website

username/LOGIN

DATE/PASSWORD

DATE/PASSWORD

DATE/PASSWORD

NOTES

WEBSITE

USERNAME/LOGIN

DATE/PASSWORD

DATE/PASSWORD

DATE/PASSWORD

NOTES

WEBSITE

USERNAME/LOGIN

DATE/PASSWORD

DATE/PASSWORD

DATE/PASSWORD

NOTES

WEBSITE

USERNAME/LOGIN

DATE/PASSWORD

DATE/PASSWORD

DATE/PASSWORD

NOTES

WeBSITe

username/LOGIN

DaTe/PasSWOrD

DaTe/PasSWOrD

DaTe/PasSWOrD

NOTes

WeBSITe

username/LOGIN

DaTe/PasSWOrD

DaTe/PasSWOrD

DaTe/PasSWOrD

NOTes

WeBSITe

username/LOGIN

DaTe/PasSWOrD

DaTe/PasSWOrD

DaTe/PasSWOrD

NOTes

website

username/Login

Date/Password

Date/Password

Date/Password

Notes

website

username/Login

Date/Password

Date/Password

Date/Password

Notes

website

username/Login

Date/Password

Date/Password

Date/Password

Notes

website

username/login

date/password

date/password

date/password

notes

website

username/login

date/password

date/password

date/password

notes

website

username/login

date/password

date/password

date/password

notes

website

username/login

date/password

date/password

date/password

notes

website

username/login

date/password

date/password

date/password

notes

website

username/login

date/password

date/password

date/password

notes

website

username/login

date/password

date/password

date/password

notes

website

username/login

date/password

date/password

date/password

notes

website

username/login

date/password

date/password

date/password

notes

WEBSITE

USERNAME/LOGIN

DATE/PASSWORD

DATE/PASSWORD

DATE/PASSWORD

NOTES

WEBSITE

USERNAME/LOGIN

DATE/PASSWORD

DATE/PASSWORD

DATE/PASSWORD

NOTES

WEBSITE

USERNAME/LOGIN

DATE/PASSWORD

DATE/PASSWORD

DATE/PASSWORD

NOTES

I'M SORRY! I FORGET SOMETIMES...

WEBSITE

USERNAME/LOGIN

DATE/PASSWORD

DATE/PASSWORD

DATE/PASSWORD

NOTES

WEBSITE

USERNAME/LOGIN

DATE/PASSWORD

DATE/PASSWORD

DATE/PASSWORD

NOTES

WEBSITE

USERNAME/LOGIN

DATE/PASSWORD

DATE/PASSWORD

DATE/PASSWORD

NOTES

WEBSITE

USERNAME/LOGIN

DATE/PASSWORD

DATE/PASSWORD

DATE/PASSWORD

NOTES

WEBSITE

USERNAME/LOGIN

DATE/PASSWORD

DATE/PASSWORD

DATE/PASSWORD

NOTES

WEBSITE

USERNAME/LOGIN

DATE/PASSWORD

DATE/PASSWORD

DATE/PASSWORD

NOTES

WEBSITE

USERNAME/LOGIN

DATE/PASSWORD

DATE/PASSWORD

DATE/PASSWORD

NOTES

WEBSITE

USERNAME/LOGIN

DATE/PASSWORD

DATE/PASSWORD

DATE/PASSWORD

NOTES

WEBSITE

USERNAME/LOGIN

DATE/PASSWORD

DATE/PASSWORD

DATE/PASSWORD

NOTES

website

username/login

date/password

date/password

date/password

notes

website

username/login

date/password

date/password

date/password

notes

website

username/login

date/password

date/password

date/password

notes

WEBSITE

USERNAME/LOGIN

DATE/PASSWORD

DATE/PASSWORD

DATE/PASSWORD

NOTES

WEBSITE

USERNAME/LOGIN

DATE/PASSWORD

DATE/PASSWORD

DATE/PASSWORD

NOTES

WEBSITE

USERNAME/LOGIN

DATE/PASSWORD

DATE/PASSWORD

DATE/PASSWORD

NOTES

website

username/Login

Date/password

Date/password

Date/password

Notes

website

username/Login

Date/password

Date/password

Date/password

Notes

website

username/Login

Date/password

Date/password

Date/password

Notes

weBsite

username/LOGin

Date/PassworD

Date/PassworD

Date/PassworD

NOTes

weBsite

username/LOGin

Date/PassworD

Date/PassworD

Date/PassworD

NOTes

weBsite

username/LOGin

Date/PassworD

Date/PassworD

Date/PassworD

NOTes

There's way too many fucking passwords!

website

username/login

date/password

date/password

date/password

notes

website

username/login

date/password

date/password

date/password

notes

website

username/login

date/password

date/password

date/password

notes

SHIT! I CAN'T REMEMBER!

WEBSITE

USERNAME/LOGIN

DATE/PASSWORD

DATE/PASSWORD

DATE/PASSWORD

NOTES

WEBSITE

USERNAME/LOGIN

DATE/PASSWORD

DATE/PASSWORD

DATE/PASSWORD

NOTES

WEBSITE

USERNAME/LOGIN

DATE/PASSWORD

DATE/PASSWORD

DATE/PASSWORD

NOTES

SOME PEOPLE MAY THINK I'M FORGETFUL, AND THEY'D BE RIGHT.

website

username/Login

Date/password

Date/password

Date/password

Notes

website

username/Login

Date/password

Date/password

Date/password

Notes

website

username/Login

Date/password

Date/password

Date/password

Notes

website

username/login

date/password

date/password

date/password

notes

website

username/login

date/password

date/password

date/password

notes

website

username/login

date/password

date/password

date/password

notes

DON'T YOU HATE IT WHEN YOU FORGET WHAT YOU FORGOT?

website

username/LOGIN

Date/Password

Date/Password

Date/Password

NOTes

website

username/LOGIN

Date/Password

Date/Password

Date/Password

NOTes

website

username/LOGIN

Date/Password

Date/Password

Date/Password

NOTes

THE NICE THING ABOUT HAVING A BAD MEMORY.. I FORGET...

website

username/LOGIN

DaTe/Password

DaTe/Password

DaTe/Password

NOTes

website

username/LOGIN

DaTe/Password

DaTe/Password

DaTe/Password

NOTes

website

username/LOGIN

DaTe/Password

DaTe/Password

DaTe/Password

NOTes

I REMEMBER A TIME WHEN I REMEMBERED THINGS...

website

username/LOGIN

Date/Password

Date/Password

Date/Password

NOTeS

website

username/LOGIN

Date/Password

Date/Password

Date/Password

NOTeS

website

username/LOGIN

Date/Password

Date/Password

Date/Password

NOTeS

Made in United States
North Haven, CT
10 December 2021

12381239R00075